STEAM

传统文化
中的

玩具坊

子的巧妙融合
字科学习

U0623580

郝京华　王伟群　主编

化学工业出版社

· 北 京 ·

图书在版编目（CIP）数据

传统文化中的STEAM. 玩具坊/郝京华，王伟群主编. —北京：化学工业出版社，2023.7（2024.8重印）
ISBN 978-7-122-43384-8

Ⅰ.① 传… Ⅱ.① 郝… ② 王… Ⅲ.① 科学知识–青少年读物 ② 中华文化–青少年读物 Ⅳ.① Z228.2 ② K203-49

中国国家版本馆CIP数据核字（2023）第075012号

出 品 人：李岩松
责任编辑：郑叶琳 张焕强
责任校对：王鹏飞
书籍设计：尹琳琳

出版发行：化学工业出版社
　　　　　（北京市东城区青年湖南街13号 邮政编码100011）
印　　装：盛大（天津）印刷有限公司
710mm×1000mm 1/16 印张6 字数66千字
2024年8月北京第1版第3次印刷

购书咨询：010-64518888
售后服务：010-64518899
网　　址：http://www.cip.com.cn
凡购买本书，如有缺损质量问题，本社销售中心负责调换。

定　　价：28.00元

编写人员名单

主编：郝京华　王伟群

副主编：叶　枫　方锦强

执行副主编：施健斌　刘宇禹

编写人员：施健斌　刘宇禹　朱华岗　冯　娟

　　　　　陈玲萍　沈军英　钱慧珍

前言

　　你一定知道中国古代有造纸术、印刷术、火药、指南针四大发明，它们对人类的文明发展起过非常重要的作用。但你知道吗，中国古代伟大的发明远不止这几项。我们还有长江流域河姆渡文化给我们留下的七千多年前的稻作农业文明，还有黄河流域仰韶文化给我们留下的五千多年前绚烂的彩色陶器，还有中原殷商文化给我们留下的三千多年前青铜冶炼技术……除了这些，我们的祖先在农学、医学、天文、历法、地学、数学、运筹学、工艺学、水利学、灾害学等领域也都取得过卓越的成就，向世界提供了丝绸、瓷器、茶叶等凝结着中华民族心智和汗水的技术产品，也给地球留下了雄伟的万里长城、绵延的大运河、无数雄伟壮丽的宫殿、巧夺天工的桥梁、诗意盎然的园林……

　　绵延不断的悠久历史，积淀了深厚的中华文化；中国古代的科技发明犹如璀璨的明珠，在历史发展中熠熠生辉。

　　《传统文化中的 STEAM》选取了若干与古代科技有密切关系的物化的传统文化项目，编辑成 9 个分册，包括《造船坊》《酿造坊》《书印坊》《烧造坊》《玩具坊》《计量坊》《兵器坊》《建造坊》《染料坊》等等。

　　每册书包括 6 ~ 8 个主题，每一个主题包括四个内容版块，即探文化之源、践古人之行、析科技内涵、观后续发展。

探文化之源版块主要介绍该科技用品的结构、用法、历史及对社会、经济、文化等方面的影响。践古人之行版块提供了动手做的器材和步骤，编者希望读者在过 DIY（自己动手做）瘾的同时，能更深层次地领略古人的智慧。析科技内涵重点在解析这些科技用品中蕴含的科学原理。中华先民当时是凭经验做出这些科技用品的，可能并不清楚其中的科学原理，析科技内涵这一版块可以为我们解密。观后续发展交代的是该科技用品现在的命运：它们中有的还在沿用，如风筝、都江堰，有的则进了博物馆，如陶器、雕版。无论如何，龙的传人都应该铭记我们先民曾经有过的辉煌。

　　中华优秀传统文化是"中华民族的基因"，是"民族文化血脉"，是"民族精神命脉"。多了解一些中华优秀传统文化及其蕴含的科学，你一定会为我们先人的智慧折服，你也一定能更好地理解上下五千年中华民族生生不息、屹立世界东方的道理。中华优秀传统文化是我们民族自信的水之源，木之本。少年强则国强，希望你通过对传统文化的 STEAM 学习，吸收文化养分，激发创造潜能，提高民族自信。未来是你们的！

风筝

竹蜻蜓

铁环

陀螺

1

10

20

28

目录

风筝

探

文化之源

你玩过风筝吗？体验过放风筝带给你的那份快乐吗？每当春风吹拂时，总能在草地或旷野上见到拉着风筝快乐奔跑的孩子。

齐白石画作

一些诗词也描绘了放风筝时的情景，读读看，是不是很美？

草长莺飞二月天，拂堤杨柳醉春烟。

儿童散学归来早，忙趁东风放纸鸢。

相传，风筝起源于春秋时期。没有人记下是谁发明了风筝，就像没有人能准确说出轮子的发明者一样。我们只能这样猜想：看到鸟儿在天空自由地翱翔，先民们产生了能像鸟儿一样飞行的梦想，风筝可能就是他们实现梦想的一种尝试。

古人做的风筝各式各样，上面的绘画也各不相同，但祈福的愿望是共通的。你能猜出这些风筝的寓意吗?

除了娱乐，先民们还将风筝用于军事。

想不想自己亲手做一个风筝？按照下面的步骤，就可以实现你的愿望。

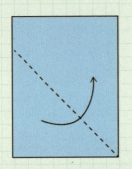 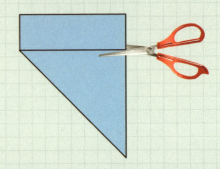

1 将一张长方形纸沿虚线折起，然后剪去多余部分。

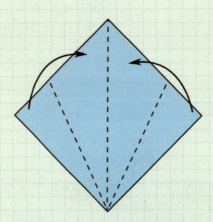 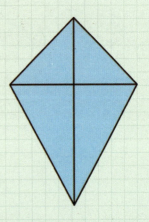

2 展开纸张，将左右角折向中间的折痕，压紧。

3 用胶带将各纸边粘牢。

4 用细竹篾做好支架，固定在做好的风筝面上，再绑好线绳。还可以在下端粘上飘带。

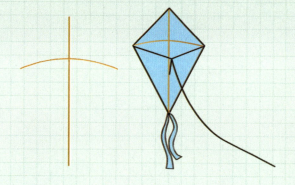

为了美观，可以在风筝上绘上你喜欢的图案，要形象鲜明、色彩艳丽。

想要让你的风筝飞得又高又稳，还需要掌握好放风筝的要领：

◆ 放风筝最关键的就是要看风，要有合适的风速和风向才能放好风筝。

◆ 在风力适当的情况下，拉着风筝线，逆着风跑，便可把风筝放上天。

◆ 如果风力较弱，就需要小伙伴的帮助。让小伙伴手持风筝，自己手持风筝线轮，在小伙伴松手的同时，自己迅速逆风奔跑，待风筝飞到高空便可。

◆ 在放风筝过程中，如果风力突然减小，可以采取迅速收线的方法；相反，如果风力突然加强，需要放线或者顺着风的方向前进。

我们的先民发明了风筝，你有没有想过风筝为什么能飞上天呢？这里面涉及一些物理方面的知识。

放飞风筝，最重要的是要有风。在线的牵引下，风筝的迎风面和风向形成一个适当的锐角。风筝面下方的空气受风筝的阻碍，速度降低，风筝面上方的空气仍然流动畅通，风筝面下方的气压会大于上方的气压，正是这个压力差，为风筝提供了向上的扬力。

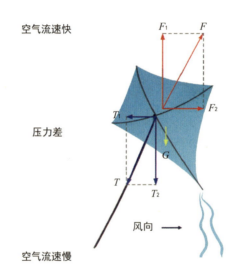

扬力F的方向与风筝面垂直，可以分解为竖直方向的分力F_1和水平方向的分力F_2。竖直方向的分力F_1使风筝上升，水平方向的分力F_2使风筝远离。同理，风筝线的拉力T也可以分解为水平方向和竖直方向两个分力T_1、T_2。G为风筝的重力。

如果想放飞风筝，在一定的风速下，我们将风筝线放出，同时适当调整风筝和风向之间的角度，使风筝在竖直方向上满足 $F_1 > T_2 + G$ 且在水平方向满足 $F_2 > T_1$ 时，风筝将向斜上方运动，达到一定的高度和距离。当我们停止放线时，拉力 T 增加，在竖直方向上 $F_1 = T_2 + G$，水平方向上 $T_1 = F_2$，风筝就不再上升，而是稳定在空中。

当然，风向和风速是会经常变化的。作为一个放风筝的高手，你需要通过风筝线及时调整风筝的角度，或是改变风筝的位置找到合适的风，这样才能使风筝继续高飞。

有时候，地面附近风速较小，往往需要人为助跑来增加扬力 F，以满足风筝上升的条件，这里还应用了相对运动的原理。

阳光明媚的天气，和好朋友去踏青郊游放风筝是非常惬意的事。一个小小的风筝背后却有这么多的物理知识，如果你想从事和航空相关的工作，还需要你长大后进行更深入的学习哦。

观
后续发展

1752年的一天，乌云密布，电闪雷鸣，一场暴风雨就要来临。美国科学家本杰明·富兰克林和他的儿子威廉用风筝做了一个伟大的实验，他们证明了天上的雷电与人工摩擦产生的电具有相同的性质。

1899年，航空先驱莱特兄弟制造出一个翼展为1.5米的双翼风筝，他们用这个风筝验证了一套可以成功使机翼扭转的系统。接着，他们又制造了自己的滑翔机，为接下来的动力飞机奠定了坚实的基础。

双翼风筝　　　　　　　　　　滑翔机

由于风筝具有制作简单、造价低廉、易升空等优点，人们还将风筝运用到气象监测、能源开发等更多的领域。

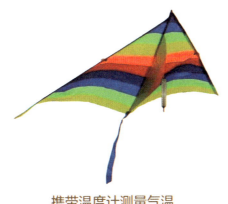

携带温度计测量气温

新型风筝发电装置

携带传感器测空气质量

　　随着科学技术的飞速发展，风筝的价值更多地体现为它的娱乐性、健身性和观赏性。很多结合高科技手段制作出的风筝杰作令人叹为观止。

竹蜻蜓

你玩过竹蜻蜓吗？就是下图所示这样一个不起眼的小玩意儿，双手一搓，再一放，它就能升空了。是不是感到很有趣，很神奇？

竹蜻蜓是中国民间一种古老的儿童玩具，由竹子做成。其外形呈T字形，横的是一片长竹片，先在中间钻个小圆孔，用于安装竹柄，然后将竹片两边削成倾斜状，最后在圆孔中竖插上一根细的圆竹棍，一个竹蜻蜓就做成了。玩时，两手快速搓动（右手向前，左手向后相对运动）竹棍使其逆时针方向旋转后松手，竹蜻蜓便会飞上天；当升力减弱时才会往地面降落。

谁也不知道竹蜻蜓是哪个中国人发明的，也许是先民受到蜻蜓飞翔的启示，制成了竹蜻蜓；也许是竹蜻蜓的样子像蜻蜓，发明者把它称为了竹蜻蜓。多少年来，这个精妙的小发明一直是中国孩子手中的玩具，为他们留下了美好的童年记忆。

有关竹蜻蜓的最早文字记载出现在晋朝时期葛洪所著的《抱朴子》中：用枣心木为飞车，以牛革结环剑，以引其机。显然，这样的竹蜻蜓已经比结构简单的竹蜻蜓复杂了，它用绳拉代替了手搓，这样可以飞得更高、更久。

公元17世纪，中国江苏吴县有一个能工巧匠叫徐正明，他听人讲《山海经》中奇肱（gōng）国人坐飞车的故事，就想制造一架类似蜻蜓的"飞车"。经过十多年的钻研，他终于造出了一架"飞车"。这个飞车上有一个竹蜻蜓一样的螺旋桨，下面是一把椅子。动力来自脚踏，脚踏板与齿轮相连，齿轮带动螺旋桨旋转。文献是这样记载飞车的："下有机关，齿牙错合。人坐椅中，以两足击板，上下之机转，风旋疾驶而去。"简单来说，就是一个自行车+竹蜻蜓，启动方式很简单：玩了命地蹬！这架飞车居然飞离地面一尺多高，还飞过了一条小河沟，然后才落下来。这是我们先民飞天梦的一次了不起的尝试！

看了关于竹蜻蜓的介绍，你一定想亲手做一个竹蜻蜓并放飞吧。按照下面的方法，就可以实现你的愿望。

准备材料：

材料：长15厘米、宽2厘米、厚0.6厘米的轻质木片（或削平的竹片）一块，小竹棍一根（长约15厘米，直径约0.3厘米）。
工具：直尺一把、小锯子一把、美工刀一把、木砂纸一张。

制作步骤：

1. 取准备好的木片，用直尺测量找出木片的中心位置点，用笔在中心位置点上做记号，然后在距离中心点两边约1厘米处各画一条线（木片的上下面都要画）。

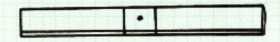

2. 用小锯子在木片上下两面画线处各锯出一条锯缝，然后将下图中画斜线所对应的部分用美工刀削成斜面。
（1）要求左侧的上锯缝"外深内浅"，下锯缝"外浅内深"。
右侧的上锯缝"外浅内深"，下锯缝"外深内浅"。
锯缝较深的一端距木片底面0.2厘米。
（2）用美工刀从锯缝处向外端削去多余的木料形成斜面。用木砂纸轻轻将表面打磨光滑。

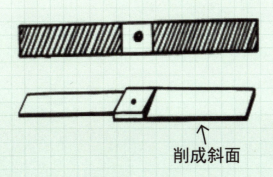

削成斜面

3. 在木片的中心位置按小竹棍的粗细用美工刀尖钻一个直径约0.3厘米的小孔。

4. 把竹棍插进小孔，塞紧，组装成竹蜻蜓。

5. 用砂纸将竹蜻蜓的各个部分打磨光滑。

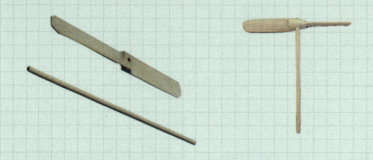

放飞方法：

1. 两手掌相对夹住竹棍，竹蜻蜓的转叶要在手上方。

2. 左手在前，右手在后，右手快速向前搓转竹棍直到竹棍离手，竹蜻蜓就飞
   起来了。

传统文化中的 STEAM
玩具坊

竹蜻蜓虽然结构简单，但它的飞行过程却包含着许多力学原理。

为什么要把竹蜻蜓转叶的两边削成倾斜的？

竹蜻蜓向上飞的力量来自转叶的旋转。转叶做成倾斜的，它以特定方向旋转时，可以使转叶上下产生压力差，进而对空气形成向下的推动力，空气的反作用力会把转叶向上顶；如果旋转速度够快，向上顶的力大于竹蜻蜓本身的重力，竹蜻蜓就能飞到空中了。如果转叶是平的，则旋转时产生不了向下的推动力。

为什么竹蜻蜓转叶的两边要相同？

竹蜻蜓转叶的两边是相同的斜面，有利于竹蜻蜓平稳上升。这具体表现为：转叶两边同时旋转，左右两边都能产生向上的升力，让竹蜻蜓能平稳地向上飞。如果一边是斜的，一边是平的，即使转叶快速旋转，升力也会减半，并且容易因受力不均而发生失衡；如果转叶两边倾斜的方向不一样，就会使一边产生

上升的力，另一边则产生下降的力，两者相抵消，竹蜻蜓也就飞不上去了。总之，转叶两边做成相同的样子就是为了让两边获得大小相同的升力，让竹蜻蜓能够平稳上升。

竹蜻蜓上的竹棍起什么作用？

竹蜻蜓转叶下面的竹棍虽然随转叶同时转动，但它并不提供升力。它的作用表现为两点：其一，可以比较方便地旋转转叶；其二，竹棍与转叶相互垂直，能使转叶尽量保持水平方向转动，从而稳定向上。

为什么最终会掉下来？

竹蜻蜓虽然可以往上飞，但它依然是有质量的，而且比同体积的空气重。所以，当它转动的力量用完，就不再能继续产生升力；或者是转动速度下降后，升力小于重力了，它自然会落向地面。

为什么要逆时针搓转？

放飞竹蜻蜓时快速逆时针搓转竹棍，竹蜻蜓就会逆时针旋转。这样做，一是因为通常竹蜻蜓转叶的倾斜方向能使转叶在逆时针旋转时获得升力，二是因为在搓转到了最后时刻，竹蜻蜓在远离放飞人的方向离手，旋转的转叶就不会碰到人。如果顺时针搓转，竹蜻蜓会加速向下，很容易打到手。如果改变转叶倾斜的方向，顺时针搓转竹蜻蜓，虽然竹蜻蜓也能向上飞，但由于惯性，它容易偏向放飞人的方向，同时对很多习惯右手的人来说，会感觉不太方便。

为什么能让竹蜻蜓斜着飞？

也许你会发现，只要斜着放飞竹蜻蜓，它也能朝着斜上方飞行一段距离。这是因为：转叶在旋转时会将空气向下推，空气给了转叶反方向的作用力，如果旋转转叶推动空气的方向是往斜后方的，空气对转叶反作用力的方向就变成了斜上方，所以，竹蜻蜓就斜着飞了。

后续发展

竹蜻蜓这种简单而神奇的玩具，曾令来中国的西方传教士啧啧称奇，他们称其为"Chinese top"（中国陀螺）。

后来，竹蜻蜓通过贸易传入欧洲。有位名叫乔治·凯利的人一见到竹蜻蜓，就深深地着迷于它。这位被誉为"航空之父"的英国人，所做的第一项航空研究，就是在1796年仿制和改造了"竹蜻蜓"，并由此悟出螺旋桨的一些工作原理。他的研究为后来的设计师带来了研制直升机的灵感。

凯利的直升机雏形图

《不列颠百科全书》（国际中文版，1999年版）第7卷写道："直升机是人类最早的飞行设想之一，多年来人们一直相信这最初是达·芬奇的想法，但现在都知道中国人和中世纪的欧洲人更早就做出了直升机式玩具。"

这里提到的直升机式玩具就是竹蜻蜓。

现代直升机的结构非常复杂，但它的升空原理与竹蜻蜓升空原理是一样的。

民国时期，我国生产出了第一架直升机"蜂鸟"号。它是由南迁的第一飞机制造厂、中央机器厂等军工企业在昆明制造的，它是中国直升机制造业的起点。今天，我国自主研发的先进的直-19E直升机，在国际市场已经占有一席之地。

人们还根据竹蜻蜓原理，结合高科技手段，研制出了很多有意思的飞行器。

徐正明的飞车梦终于实现了，没准有一天，"飞车"会成为我们的一种日常交通工具呢！

铁环

你有没有问过爷爷，他小时候有没有像下面这个小朋友一样炫过滚铁环的特技？是不是从放学一直玩到天黑，直到妈妈喊"回家吃饭"？也许现在的小朋友已经不玩滚铁环，而是去玩更有刺激性的滑板、轮滑了。可你要知道，在没有滑板、轮滑的年代，滚铁环是众多小男孩乐此不疲的游戏活动哦！

滚铁环，也称"滚铁圈"，是民间一项传统的娱乐性活动。中国人最早玩这个游戏的时间，已经无法考证。但从四川出土的雕有滚铁环图案的汉代砖雕可以推断出起码1800多年前的汉代就有滚铁环这项游戏了。那时民间有包括杂技、幻术、游戏等在内的"百戏"，"铁环之戏"就是其中之一。

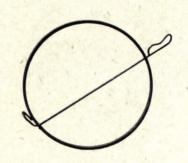

滚铁环的道具十分简单，做起来也很容易：用粗铁丝做一个圈，然后再做一个长柄、顶头弯成"U"形的铁钩子就行了。其实，在几十年前，箍木桶的铁圈就是理想的现成道具。那时候不知有多少人因为想得到铁环不惜拆了家里的桶而挨过父母的揍。

滚铁环的动作有一定的难度，需要一定的技巧，尤其是在初学阶段，需要反复练习，摸索出经验。一旦做到了熟能生巧，那就尽情享受滚铁环带来的乐趣吧：跟着铁环一溜小跑，跑过田埂，跑过小桥，任微风吹拂着脸颊，任伙伴投来羡慕的眼光。

讲究的铁环上面还会套上两三个小环，这样滚动时就会发出悦耳的金属撞击声。

很难说出滚铁环这项运动究竟是哪个国家发明的，不仅亚洲许多国家很早就有，甚至欧洲也有。

总之，在物质生活贫乏的年代，价廉物美的铁环是孩子们钟爱的玩具。它陪伴过无数孩子的童年，成为他们抹不去的记忆之一。

画家笔下的女孩和铁圈

你想拥有一副铁环来玩滚铁环游戏吗？现成的当然有卖，但你若想自己动手做一副也是可以的。下面提供了制作铁环的方法，建议你和家长一起做。

一副铁环由两部分组成，一是由粗铁丝做成的圆环，二是推动铁环前进的钩子。

所需材料与工具：一根直径6～8毫米的粗铁丝，粗细适中的绳子或者废旧电线，锤子，钳子，一个直径与需要制作的铁环直径差不多大的水桶。

铁环的制作：

1 把粗铁丝围着水桶绕一圈，用锤子或钳子加工成一个规则的圆，然后在接头处留出5厘米左右后用钳子剪断。

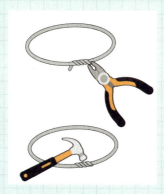

2 将铁环从水桶上取下，用钳子把接头处绕紧；再用锤子把接头处敲击平整（这样滚动起来才会顺畅）。或者将铁环两头对齐，焊接后打磨平整。

3 把做好接头的铁环重新套到水桶上，使铁环的圆形更加规整。

钩子的制作：

1. 取一段铁丝，长度以正常伸手倾斜延伸到地面的距离再加10厘米左右为宜。
2. 用钳子把铁丝的一头弯成U形钩。
3. 把铁丝的另一头回绕一圈，然后缠绕上绳子或者电线，这就是把手了。

滚铁环的技巧：

1. 先用手让铁环滚起来，再把钩子靠上去。
2. 钩子要抵在铁环下方三分之一的位置。
3. 拐弯时推铁环的力量要朝向倾斜的一方，且必须达到一定的速度，这样铁环才不会倒地。
4. 滚铁环的关键之处在于掌握好平衡。
5. 手中的长柄要稳，以便控制好铁环的方向。

   记住：别怕难，熟能生巧！

铁环为什么能滚起来？

每个物体都有各自的重心，它是物体各部分重力的合力作用点。当物体受外力作用在地面上运动时，重心越稳的物体越容易滚起来，例如，铁环的重心恰好在圆心，滚动过程中重心离地面的高度始终不变，所以轻轻一推就能滚起来了。

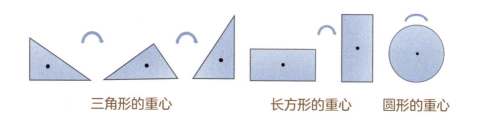

三角形的重心　　　　长方形的重心　　圆形的重心

铁环滚起来后，又会受到与地面之间的摩擦力的作用，这不断消耗着铁环前进的动力。为了不使铁环因能量耗尽而停下，就必须用铁钩在合适位置持续给铁环施加向前的推力。

为什么静止的铁环无法直立、运动起来后就能维持平衡了呢？

答案是"陀螺效应"。顾名思义，陀螺效应就是像陀螺一样快速旋转的物体能够抗拒外力、保持原有运动状态的特性。滚动过程中的铁环在前进的同时也在绕其圆心转动，当滚动的速度足够快，在出现倾倒的趋势时，铁环有足够的惯性去抵抗会让其倾斜的重力矩，使重心重新回到原有直立状态下的位置，铁环也就不会倒了。

观

后续发展

现在可供孩子玩的玩具及游戏实在是太丰富了，尤其是电子产品，几乎占据了儿童大部分的课余时间。刺激性不及电子产品的滚铁环自然而然就被冷落了。

但电子产品的弊端也日渐显现：它大大减少了儿童身体活动的时间，大大减少了在大自然中奔跑的时间，这于健康有害无益。出于对儿童健康的担忧，一些有识之士想起了滚铁环、踢毽子、跳房子这些既有趣又能强身健体的传统游戏，并不遗余力地提倡、推广。

中国邮政于2007年发行了《儿童游戏（一）》特种邮票一套6枚，其中就有滚铁环。它真实地反映了那个年代独有的活力和精神面貌，也是一代人难以抹去的记忆与感动。

《儿童游戏（一）》特种邮票

在有的校园或街心公园里，还竖起了滚铁环的雕塑，既作为对传统体育游戏的纪念，也作为传统体育游戏复活的样板。跨越时空的对话场景，让不同时代的人望之感慨万千。

　　时至今日，跟着滚动物体跑动的滚铁环游戏演绎出了更多的甚至更简便的游戏。

　　这些加了现代机械的独轮体育运动，很难说与滚铁环有"亲戚"关系了！虽然它们更酷、更炫、更刺激，但健身的效果不一定比价廉物美的滚铁环强。

运动用独轮车

独轮摩托车

独轮电动平衡车

　　让滚铁环运动在校园中复活吧，它可以使众多儿童的身心在奔跑中、在欢笑中变得更加健康！

陀螺

公园里、广场上，经常会看到一些人在抽陀螺。只见他们把缠绕在陀螺上的鞭绳用力一拉，再一放，陀螺就转了起来。在陀螺转动的过程中，他们不断地扬鞭抽动陀螺，给它加力。鞭子划过时的呼啸声、抽在陀螺身上的啪啪声，加上陀螺炫目的飞速旋转，这一切带给人愉悦。对玩家是如此，对观者其实亦然。小小的陀螺怎么会有那般魔力，连大人们都为它着迷？嘿，你可别小瞧了这不起眼的陀螺，它可是一种历史悠久的古老玩具哦！

陀螺在中国的起源很早，有考古文物为证。考古学家陆续从新石器时代的河姆渡文化遗址、仰韶文化遗址、龙山文化遗址发现了各种材质、不同形状和大小的陀螺。尤其是河姆渡遗址中出土的陀螺，距今约有7000年了，可以说是世界上现存最古老的玩具之一。

在仰韶文化中晚期遗址发现的一个石
陀螺，距今已有5500年左右。这个石陀
螺直径约5.7厘米，高约7.7厘米，重不足
300克。它的大小和形状与今天孩子们玩
的陀螺已经十分相似了。

有关陀螺的文字记载最早出现于后魏时期的史籍中，当时称为
"独乐"。到了宋代，出现了类似如今的手捻陀螺造型，取名叫"千千
车"。在一个直径约4寸（约13.3厘米）的象牙圆盘中央，插上一根
约3厘米长的针状物作为轴心，玩时用手捻动轴心使其旋转，等到快
停时再用衣袖拂动它，让它继续旋转。最后，比谁的千千车转得最
久，谁就是获胜者。这是古代宫女打发时间所玩的一种游戏。

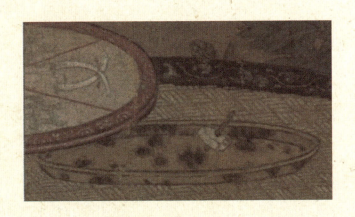

明代以后出现了"陀螺"这个词，它也不再是宫廷角胜之戏，
而成为走进百姓生活的儿童玩具。那时的陀螺为木制，实心而无柄，
用鞭子绕好后，一抛一抽，陀螺便在地上无声地旋转。当它慢下来
时，再用鞭子抽一下给它"加油"，便可转个不停。

古代有童谣唱道："杨柳儿活，抽陀螺；杨柳儿青，放空钟。"可见每当春季来临，孩童们便开始了他们最最心爱的玩陀螺游戏了。

在古代的一些艺术作品中，也出现了陀螺的身影，情趣盎然的画面、憨态可掬的儿童，实在令人忍俊不禁。

北宋末南宋初画家苏汉臣的
《货郎图》（局部）

清朝画家冷枚的《百子图卷》（局部）

践

古人之行

想不想亲手做一个陀螺？陀螺的种类有很多，我们试着做一个简单的纸陀螺吧。

1 准备材料：纸、剪刀、手工白胶、竹签。

2 把纸剪成1厘米宽的长条。多剪几条备用。

3 把竹签下端剪下4厘米左右备用。

4 在竹签下端1厘米处，开始卷纸条。

5 多卷几条纸后，用白胶把纸条端口粘好。

6 这样，一个简易陀螺就完成了。转转试试，如果左右摇晃，可以试试调整纸卷的圈数、纸卷的高度，直到它能转得又快又稳。

陀螺借助一个小小的"尖尖"就能站立不倒，而且能长时间旋转，其中蕴含许多力学原理。

为什么转动中的陀螺不会倒？

你还记得吗？滚动的铁环不会倒，是因为"陀螺效应"。转动的陀螺不会倒，也是因为这个原理。

陀螺会倒，是因为重力产生的力矩过大，使陀螺倾倒。但陀螺在旋转的时候，如果旋转轴不是竖直的，它在围绕本身的轴线"自转"的同时，还会围绕竖直轴作锥形"进动"。

"进动"可以平衡重力矩的作用，所以陀螺在旋转时不会倒向地面。而且，陀螺"自转"的快慢，决定着陀螺的稳定性。转得越慢，稳定性越差；转得越快，稳定性越好。

为什么要不断地抽打陀螺？

我们都知道，陀螺刚被放出的时候，不用外力也能持续旋转一会儿。但如果想让它转得更久，则离不开鞭子的抽打。

陀螺之所以能够持续转动一定的时间，是因为物体都有惯性。惯性定律是牛顿提出的。牛顿发现，物体不喜欢改变自己的状态：如果它是运动的，它就喜欢保持运动状态；如果它是静止的，它就喜欢保持静止状态，除非有一个外力去改变它。

转动中的陀螺同样有继续保持转动的倾向，但它不会无休止地转下去，这与摩擦力有关。摩擦力是阻碍陀螺旋转的因素，其大小与物体接触面的粗糙程度有关。为了减小摩擦力，玩陀螺的时候尽量在光滑的地面上进行。有些木陀螺甚至会在接触部位装上非常光滑的小钢珠，就是为了让摩擦力变小。

尽管可以想办法减小摩擦力，但不可能消除。所以要想让陀螺不停地旋转，得时不时地用鞭子抽打，给它施加额外的力，获得持续转下去的动能。

什么样的陀螺转的时间长？

玩陀螺，我们比的是谁的陀螺转的时间长。从上面的内容可以知道，陀螺旋转跟惯性、摩擦力、外力有关。惯性越大，转起来后旋转时间越长；摩擦力小，也可以使它转得久一些；加的外力越大，获得的动能越大，转的时间也越长。

为了加大惯性，可以增加陀螺的质量，还要让它的质量分布得均匀，它的重心最好在旋转轴上。但增加陀螺质量，开始转的时候也会更费力，同时摩擦力也会随质量（重力）的增加而变大。

观
后
续
发
展

陀螺既可以玩，还可以用来锻炼身体。至今，它仍然是人们喜爱的活动。由于陀螺在大小、材质、样式、功能等方面都发生了很大的变化，所以给人们带来了更多的体验和快乐。

既有在手指上旋转的指尖陀螺，也有用来锻炼身体的巨型陀螺。

指尖陀螺

巨型陀螺

既有发亮的激光陀螺，也有用来比赛的斗战陀螺。

斗战陀螺

为了让陀螺更快、更容易地旋转起来，人们还给陀螺设计了机械发射装置。将陀螺的一周做成锯齿状，用带齿的拉条代替缠绕在陀螺上的线绳来转动陀螺；将陀螺安装在玩具手枪上，经过机械操作，最后扣动扳机发射陀螺。

用拉条转动陀螺　　　　　　用扳机发射陀螺

科学家还将陀螺稳定旋转的原理运用在枪炮制造和航海航空等领域。枪管、炮管内壁刻有许多螺旋形凹槽，它们的名称叫"膛线"。如果没有膛线，弹头就以固定的姿态前进，这样会受到较大的空气阻力，不但打不远，而且打不准。有了膛线，弹头就能旋转着飞行，就像飞行着的旋转陀螺，既能保持方向，还能打得又远又准。

炮管内的膛线

科学家发现，高速旋转的陀螺即使在稍微倾斜的平面上转动，它的转轴也始终竖直向下，而旋转面则保持水平。利用这个原理发明的机械式陀螺仪就是由一个陀螺转子与旋转轴相连，外围有两个支架，可以形成高速旋转的装置。其主要特点是稳定性和定轴性。随着科技的发展，人们又发明了激光陀螺仪、光纤陀螺仪以及微电机陀螺仪，在手机、VR（Virtual reality，虚拟现实）眼镜、体感游戏装置等产品上都有使用。这些陀螺仪虽然仍叫陀螺仪，但是它们的原理和机械式陀螺仪已完全不同。

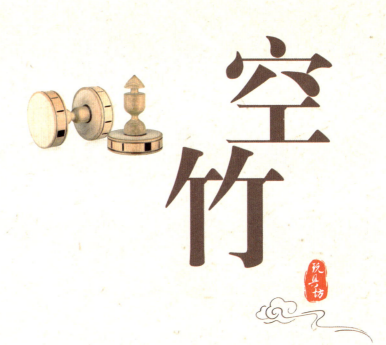

空竹

空竹空竹绕绕，小孩咧嘴笑笑；

空竹空竹抖抖，老人精神抖擞；

空竹空竹蹦蹦，高手花样弄弄；

空竹空竹嗡嗡，笑声响彻天空。

儿歌中提到的空竹，你玩过，见过，还是在电视上看过？

今人抖空竹，古人也抖空竹。这种集玩耍、健身、观赏于一身的游戏延绵了数千年，它是中华民族创造的文化精粹，也得到了很好的传承和发展。

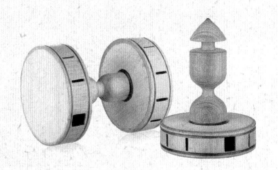

空竹，古称胡敲、空钟、空筝。典型的空竹有双轮和单轮之分，双轮的空竹形如腰鼓，以竹或木制成，两头为两只扁平状的圆轮，轮内空心，有的轮上开有若干小孔，两轮间有轴相连；单轮的空竹则形如陀螺，一侧有轮。因其圆轮以竹木制成且空心，故名"空竹"。

抖空竹时，玩者两手各持一小棒，两棒之间以细绳连接，绳绕在空竹中部的木轴上来回扯动，空竹即急速旋转并发出嗡嗡响声。

高手玩的空竹花样百出：什么吆牛牛、雪花盖顶、猴儿上树……只见空竹一会儿腾空飞越，一会儿穿越胯下，一会儿变成地上转的陀螺，一会儿变成上下拉扯的溜溜球……玩的人忙得不亦乐乎，看的人馋得跃跃欲试。抖空竹可是中国古代民间最热闹、最普及的传统游戏之一。

空竹最早起源于中国。但到底出现在什么年代，已无从考证。宋代《梦粱录》记载的百戏杂技中就有"弄斗"这一项，弄斗即为空竹的别称。

有文史资料表明，到了明清时期，空竹的造型特点与玩法均已经相当成熟，抖空竹的人群也不断扩大，从儿童到成人，从普通百姓到王宫贵族，从业余票友到专业艺人……

清人李虹若在《朝市丛载》中写道："每逢庙集，以绳抖响，抛起数丈之高，仍以绳承接，演习各样身段。"

孙殿起在他著名的《琉璃厂小志》中写道："空竹，亦名空钟，能抖出种种花样，摆摊人均擅此技，借此以广招徕。"由此可见，清代是抖空竹发展的一个鼎盛时期，并一直持续到今天。

在明清时期，无论是在日常用的瓷枕、墨盒上，还是在画家的笔下，都可以见到人们抖空竹的图案。

当代画家马海方的《抖空竹图》

清末民俗画家周培春的
《玩耍抖空竹》

清代画师焦秉贞的
《百子团圆图册》之一

清代墨盒

18世纪，中国的空竹随着欧洲外交使节流传到法国，随后法国巴黎就有了空竹俱乐部和抖空竹比赛，空竹成了一项时髦的运动。后来英国人也迷上了这个神奇的小玩意儿，那里的人称之为"两根棍子上的精灵"，还发展出了西方空竹。

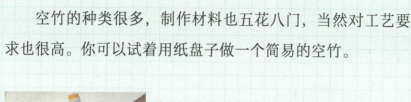

空竹的种类很多，制作材料也五花八门，当然对工艺要求也很高。你可以试着用纸盘子做一个简易的空竹。

1 取两个一次性纸盘，根据自己的喜好用彩笔对盘面进行装饰。

2 取一个瓶盖，将其一面涂上胶水并粘在一个盘子的背面（空白面）中心位置。

3 另一个盘子的中心位置粘在盖子的另一面上。（可以在瓶盖中压入橡皮泥，增加重量。）

4 剪一段足够长的棉线（棉线不能太细），轻轻地沿瓶盖绕一圈，不要绕太紧。

5

6

取两根一样的筷子，把绕好后的棉线两端分别绑在两根筷子的一端。

等瓶盖与盘子之间的胶水粘牢以后，一个简单的空竹就大功告成啦！

玩的时候，双手各持一根筷子，当你的双手交替高低起伏时，瓶盖就会在线上滚来滚去，盘子也会滚动起来。

空竹属于旋转发声的响器，其中既含有声学原理，也含有力学原理。

具有类似杠杆的平衡结构

空竹由转轮和转轴两个部分连接而成，供绕线的凹槽则位于转轴上。当把线绕在线槽里提起空竹的时候，空竹就像一根杠杆，绕线的位置就是它的支点。在双轮空竹上，两个转轮的重量基本相同，线槽在两个转轮的中间，在抖起空竹的时候，两端容易保持平衡。在单轮空竹上，轮重轴轻，线槽在靠近轮的位置，使线槽两边的重量不至于相差很大，以便转动起来的空竹以线槽为中心实现动态平衡。

旋转让空竹保持稳定

无论是双轮空竹，还是单轮空竹，用线绕过线槽把它提起来，是难以让它稳定的；必须要转起来，才能让它既平衡又稳定。这其中的原理与陀螺很像，都是让旋转物体的自转轴与公转轴位置相同或接近。所不同的是，陀螺的公转轴是竖着的，而空竹的公转轴可以是空中的任意方向。

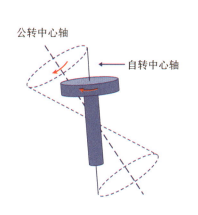

大幅度扯动为空竹转动提供了动能

我们双手配合向斜上方抖空竹的动作，实际上是在给空竹加力，使它转起来或加速转动；扯动的力量越大，加速空竹旋转的效果越好，甚至能让空竹沿着抖绳爬高。不过，当空竹上升一段距离，受到重力和抖绳摩擦力的影响，它又会沿着抖绳下降并减速。这时，就需要我们再次向同样的方向抖动，以便给空竹提供继续旋转的动力。

惯性让人们玩出多种花样

抖空竹高手可以做出各种花样，时而让它沿着抖绳下滑，时而让它围绕身体打转，时而让它"定"在抖绳或小棍上，时而又让它上下翻飞…… 其实，这些花式动作利用的都是空竹转动的惯性，也就是当失去外界提供的动力后，还能将原来的运动状态继续保持一段时间。

空气振动使空竹发出"嗡嗡"声

空竹有哑轮与响轮之分。顾名思义，哑轮转动时，不会像响轮那样发出"嗡嗡"的声音。响轮空竹转轮的外侧开有一些方形或细长形的孔洞——哨口，孔洞里面是一个个小"房间"——气腔。在空竹转动时，哨口让空气"撞"进气腔，产生振动，发出"嗡嗡"的声响。空竹转动速度越快，空气撞进气腔的力量越大，空气振动的幅度就越大，我们听到的"嗡嗡"声也就越响。另外，气腔较短，空气振动的频率就比较快，发出的"嗡嗡"音调就高，这就是不同的响轮空竹音高有差异的原因。

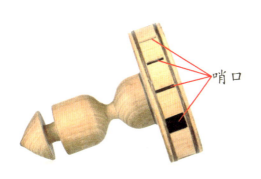

哨口

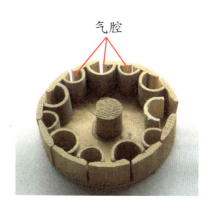

气腔

响轮空竹的外观和内部结构

观

后续发展

从古代的民间游戏发展至今，抖空竹已经不再是单纯的娱乐活动，更多人将它作为一种强身健体的体育项目。抖空竹看似是一种简单的上肢运动，其实是全身多个部位包括颈椎、腰椎同时在进行不同程度的运动，能锻炼协调灵敏度、促进血液循环等。

2006年，抖空竹经中华人民共和国国务院批准列入第一批国家级非物质文化遗产名录。作为历史发展的见证和民俗文化的传承方式，北京西城区筹建了首座以空竹为主题的社区博物馆——北京空竹博物馆，其中收藏了许多空竹艺术精品，为后人留下了许多珍贵的资料和实物。

杂技表演中的抖空竹是中国的国粹精品，演遍世界各地，曾经无数次在国际性杂技比赛中获得金奖，为国家争得了荣誉，也受到世界人民的喜爱。

皮影戏

探

文化之源

一方幕布，一盏灯，在一阵激昂的鼓乐和高亢的唱腔声中，皮影戏这就开场了。只见表演者在幕布后上下操控手中的人物剪影道具，观众在台前看得津津有味。如果你在学校的社团活动中参与过皮影戏的相关活动，那相信你对此并不陌生。想知道更多有关皮影戏的来龙去脉吗？让我们一起来看看吧。

皮影戏，又称影子戏或灯影戏，是将一种平面的、关节可动的、镂空的人物剪影，置于光源与半透明幕布间，皮影艺人在后面一边操纵剪影，一边用当地流行的方言、戏曲进行表演。

中国地域广阔，各地传统的皮影都有自己的特色，但是皮影的制作程序大多相同。通常要经过选皮、制皮、画稿、过稿、镂刻、敷彩、发汗熨平、缀结合成等八道工序，手工雕刻3000余刀才能最后完成，真是一个复杂奇妙的过程。传统制作皮影的原料是兽皮，如牛皮、驴皮、羊皮、骆驼皮等。

制皮

镂刻

敷彩

发汗熨平

缀结合成

　　皮影戏作为中国民间古老的传统艺术，从有文字记载起，距今已经有2000多年的历史。

关于皮影戏的起源有一段凄美的传说。两千多年前，汉武帝因爱妃李夫人亡后整日恍惚，不理朝政。方士李少翁心中一动，用布帛裁成李夫人的影像，涂上色彩，并在手脚处装上木杆。入夜后围方帷，张灯烛，恭请皇帝观看。武帝看罢，龙颜大悦，相思之苦得以寄托，就此爱不释手，从此重振朝纲。人们相信，这个载入《汉书》的故事是皮影戏的渊源。

皮影艺术，是发源于我国的古老而独具魅力的民间美术之一。从造型风格上看，皮影大致分为北方、西部、南部三大艺术流派，而北京皮影戏（造型借鉴京剧，色彩亮丽典雅）、陕西华州皮影戏（形体小巧，雕刻精细）和广东陆丰皮影（绘画精致，表演逼真优雅）就是这三大流派的主要代表。另外，由于各地皮影的音乐唱腔风格与韵律都吸收了各自地方戏曲、曲艺、民歌小调、音乐体系的精华，从而形成了异彩纷呈的众多

广东陆丰皮影戏

传统文化中的 STEAM
玩具坊

流派。皮影戏演出装备轻便，唱腔丰富优美，表演精彩动人，千百年来魅力不减，生生不息。

皮影戏题材十分广泛，有与小说有关的，如《武松打虎》；有与民间传说有关的，如《白蛇传》；有与神话故事有关的，如《牛郎织女》……

《白蛇传》

《牛郎织女》

《武松打虎》

践

古人之行

制作皮影用料特别，程序考究，工艺精湛，是一个复杂而奇妙的过程，真正做起来不那么容易。我们可以学习古人，尝试用透明塑料片制作一个简单的皮影玩具。

准备材料：

一张A4纸大小的透明塑料片、5枚双脚钉、2根竹签（手签）、2个螺纹钩。

1 将透明塑料片蒙在皮影人的样稿上，照着勾勒出线条。

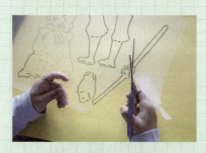

2 沿着线条剪出皮影人的各个部位和配件。

3 为了有更好的舞台效果，可以在皮影的各个部件上涂颜色（注意颜色的搭配），晾干后备用。

4 如图所示，按步骤将皮影的各部件用双脚钉连接起来。

5 套上手签，完成整体造型。

6 将皮影支撑起来，用一块白布挡在前方，用手电筒照着就可以玩起来了。

要想使皮影戏在舞台上有活灵活现的效果，还需要掌握好下面的操作要领。

◆在操作皮影人行走时，只要用手指扭动两根手签，使皮影人的两只手臂前后摆动，并同步将整个皮影人平稳前移，就是行走的动作。

◆皮影人停立时，手臂则停止摆动。

生动形象、灵活多样的皮影戏，是中国最早的动态形象表演艺术形式之一，它蕴含着多个科学原理和技术手段，凝聚着古人的聪明才智。

利用了光直线传播的原理

皮影戏表演利用了光在同质的透明物体中沿直线传播的原理：沿直线传播的光照在不完全透明的物体上时，这个物体就会全部挡住或部分挡住光线，从而在光源的对侧留下物体的影子。你做过手影游戏吗？手影游戏运用的也是这个原理。

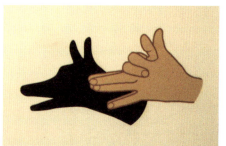

动物皮质的透光特性

古时候，皮影戏的皮片是用哺乳动物皮肤加工而成的，这些动物皮肤的中间层——真皮部分，接近透明，这就跟我们能透过自己的皮肤看见下面的血管一样。用动物真皮部分做成的皮片遮挡光线时，能让大部分光线透过到达幕布，这样，观众看到幕布上的影子就不是漆黑一团的了。

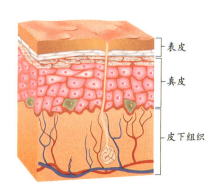

要想获得透光性好、平整的真皮层薄片，"制片"环节有许多技巧：不能选择表皮凸凹不平、有色素沉着、透明度差的皮；皮下组织含有许多汗腺和可见的血管，会有损透明度，也容易腐烂，需要刮磨掉，刮磨的时候，要用力均匀，做到表面光滑，以保证成品的平整度，使光透过皮片时仍然能平行照射到幕布上，获得良好的视觉效果；需要选取厚实的驴皮、牛皮，这样，去除皮下组织和表皮层后，剩下的真皮层就比较厚，风干后比较挺括，容易做成皮片。

运用了透明材料、半透明材料的特性

透明材料可以让光线穿过，半透明材料可以让部分光线通过。在进行皮影表演时，灯光照射到接近半透明的幕布上，皮片则贴着幕布移动变化。这样，皮片的影子就会自然而然地落在幕布上，即使皮片与幕布贴得不紧，也能避免影子出现变形的情况。同时，由于灯光从斜上方照射到幕布，操控皮片的演员向后拿开皮片，皮片就能脱离开光照范围，让形象从幕布上消失。

光与色彩的有机组合

给皮影着色的不是普通的颜料，它采用红、黄、青、绿、黑等纯色的矿物质为原料，用牛皮胶经加温后调制而成。这种颜料不但附着力强，还能够透光，把它涂抹在接近透明的皮片上，光能够穿过，让观众看到彩色的皮影戏。

巧妙的"关节"设计

为了让皮影人物能"动"起来，皮影人物常被分为头颅、躯干、双腿、双臂等不同部分。皮影人物各个关节部分都要刻出轮盘式的枢纽（老艺人称之为"骨缝"）。连接骨缝的点叫"骨眼"，用结实的细线穿过"骨眼"将各部分缀结合成。操纵者可以通过操纵细杆，带动皮影人物的躯干、四肢等模仿人的关节活动。

观
后
续
发
展

皮影作为世界上最早的幕影文化娱乐形式，集雕刻、绘画、戏曲、表演为一体，是中国献给世界的独特的非物质文化遗产，在许多国家和地区广为流传，并以其独特的演出形式和特有的视觉审美效果受到欢迎。2011年，中国皮影戏入选联合国教科文组织《人类非物质文化遗产代表作名录》。

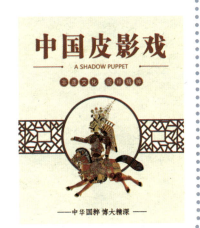

现代以来，皮影戏在制作材料、表演水平、录放设备等方面都有了长足的进步。人们在保留传统皮影制作材料及工艺的同时研发出了更多可替代的材料，如透明的塑料片及透明的水彩笔。这大大简化了皮影的制作工艺，使皮影成为小学生也能涉足的领域。

古代皮影戏表演，往往是同一位演员既要操控皮影道具，同时还要进行说唱，甚至还要摆弄简单乐器，表演水平很难保证。现代的皮影戏表演，演员们往往分工负责，还用上了录放、音响器材，使艺术效果大为提高。

皮影戏的题材也更加宽泛，不再局限于民间故事或历史题材，现代生活的方方面面在皮影戏中都有反映。同时，皮影戏也为后续出现的木偶剧、动画片及电影做了铺垫。在这些艺术表现形式中，木偶剧继承了皮影戏影像连贯、演员操控皮片的方法，但将平面的影像改成了立体的木偶；动画片继承了用平面动态表现事物的特点，但影像不再需要人来操控，实现了自动播放；电影则集皮影戏、木偶剧、动画片的长处，将自动播放、画面真实、音效逼真合为一体，达到了更高的影像反映水平。

孔明灯

有个谜语，你来猜猜它是什么：

仙女飘飘，飞上云霄；

不怕风吹，只怕火烧。

你的谜底是什么？是不是孔明灯？

　　古今的孔明灯结构大致相同。孔明灯的结构可以分为主体与支架两部分。主体大多以竹篾制作，灯罩用阻燃的棉纸糊成。支架位于底部，是用竹篾做成的十字架。孔明灯可大可小，可方可圆。

　　放飞时，先点燃支架上蘸有油的棉絮或蜡块、松脂，待灯内空气加热到一定程度，孔明灯便会冉冉上升至空中，并随风飘荡，直到燃料烧完才会降落到地面。

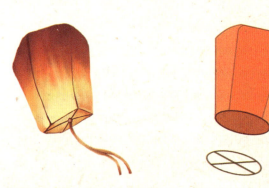

孔明灯究竟是谁发明的，已无从考证。较早与孔明灯有些瓜葛的文字记载当属《淮南万毕术》中的描述：取鸡子，去其汁，燃艾火，纳空卵中，疾风，因举之飞。意思是把点燃的艾绒放入鸡蛋壳中，鸡蛋壳能乘着强风飞出去。鸡蛋壳里的空气有限，之所以能飞，恐怕主要还是因为强风的原因。你不妨验证一下古人的说法。

《淮南万毕术》作者刘安

孔明灯，有的地方叫天灯。明确使用天灯一词的文字可见于南宋时期的《藏一话腴》："东坡宿径山中，夜有叩扉者。徐问之，则云：'放天灯人归。'"

至于为什么叫孔明灯，有两种说法。一种说法是诸葛亮（字孔明）发明了这种灯。相传，当年诸葛亮的队伍被司马懿围困于平阳，无法派兵出城求救。诸葛亮算准风向，制成会飘浮的纸灯笼，并记上求救的信息。为了保证救援部队能收到，他下令放飞了几百个纸灯笼。一些纸灯笼飘到了救援部队的大本营，大本营立刻派大军前来营救，诸葛亮和他的队伍顺利解困。所以后世就称这种纸灯笼为"孔明灯"。另一种说法则是

因为这种灯笼的外形像诸葛亮戴的帽子，因而得名。

纵观历史，不难发现，孔明灯的作用是在不断演变的。

如在伸手不见五指的夜间，明晃晃的孔明灯可以作为传递信息的载体，既可以用于传递军事信息，也可以用于传递民事信息。又如清朝道光年间，孔明灯由福建传入台湾。台湾十分寮地区地处山区，常闹匪患。土匪来时，山民便躲入山中；土匪去后，留守者便会在夜间燃放孔明灯通知山民。孔明灯还曾被用来为阵亡将士超度亡魂。

宋代以后，燃放孔明灯逐渐演变为一种节庆习俗，文化也更加多元，有祈福的，有祝愿的，有放飞晦气的，有寄托哀思的……大多会在元宵节、中秋节燃放。

一盏孔明灯就让人惊叹不已，当夜空中飘浮着千盏万盏孔明灯时，那会是一种什么样的景象！看看古人是怎么描述这一壮观景象的。

天 灯

（元·谢宗可）

龙逐炎精下紫宫，夜深不肯落云中。

光分霄汉三更黑，影乱星辰万点红。

玉柱倚天擎火齐，金绳系日挂瑶空。

照开仙阙光明路，绛节霓旌稳驾风。

古人之行

让我们也学学古人，自己动手做一个孔明灯吧！

准备材料：

4根长度为25.5厘米的吸管（带螺纹），5根长度为5厘米的生日蜡烛，一只45厘米×55厘米大小的塑料袋（不能漏气），热熔胶枪。

1 先将吸管两两相接成两根长吸管，再沿吸管螺纹处向上弯折，并用热熔胶枪将两根连好的吸管固定成十字形。

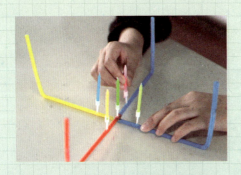

2 将蜡烛用热熔胶固定在吸管上。

3 将塑料袋固定在吸管支架的四个角上。

4 将塑料袋提起来，点燃蜡烛。

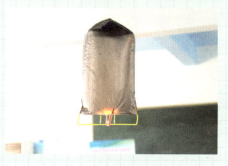

5 等塑料袋内充满热空气，孔明灯就能飞起来了。

提示：这个小型孔明灯适合室内燃放，可以在底部吸管支架的十字中间系上细线，以控制孔明灯上升的高度。

燃放孔明灯时的防火安全

　　燃放孔明灯时一定要注意安全。孔明灯中有火源，如果飘到树林、建筑物或其他易燃物附近，可能会引发火灾。如果孔明灯在飞行过程中掉落到人群中，还会造成人身伤害。另外，在一些区域，孔明灯是被禁止放飞的，如果违反规定，可能会受到罚款等处罚。所以，燃放孔明灯时应该了解当地的相关规定，确保燃放孔明灯是许可的。同时，应该选择开阔的场地，远离树林、建筑物和其他易燃物。应该注意风向和风力，避免孔明灯飘到人群或其他危险区域。在燃放孔明灯后，应及时清理残留物，避免对环境造成污染。

孔明灯为什么会飞上天呢？这其中包含了许多科学原理。

热胀冷缩的原理

点燃燃料后，灯内的空气受热膨胀，密度变小。你可以通过做以下的实验，来观察空气的热胀冷缩现象，理解密度变小的原理。

材料准备：冷、热水各一杯，一个套着气球的空塑料瓶。

实验：先将塑料瓶放进热水杯中，观察气球有什么变化；再将塑料瓶放进冷水杯中，观察气球的变化。

你发现了什么？通过下面的图示，你又有了怎样的理解？

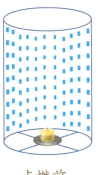

点燃前

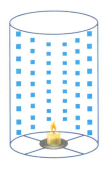

点燃后

热空气上升的原理

在流体（液体或气体）中，相对密度较小的会浮到相对密度较大的流体之上。把油倒入水中，油会浮在水的上面就是这个道理。看不见的空气也是这样。

你可以用茶包纸袋做一个实验验证一下。

实验准备：茶包、打火机等。

将茶包顶部剪开后，倒出茶叶

把茶包打开成纸筒状，竖直排列在桌上

用打火机依次点燃纸筒最上面部分

纸筒快烧完时会腾空而起

纸筒燃烧时纸筒上方的空气被加热，密度变小，这些空气就会上升，底部周围的冷空气进行补充，形成对流。纸筒燃烧过程中质量减少，当重量小于上升的力时，纸筒就会腾空而起。这个实验有一定的危险性，要在安全的地方和父母一起尝试，避免引起火灾！

孔明灯上升或下降的原理

孔明灯何时上升何时下降？一定是浮力大于重力时上升，浮力小于重力时下降。虽然孔明灯的灯罩、灯架很轻，但还是存在向下的重力。这时就要看平均密度了。只要孔明灯整体的平均密度小于周围的空气密度，孔明灯就会上升。为了使孔明灯顺利升空，人们总是选用轻质材料和尽量大些的灯罩来做孔明灯，并且用轻的、少量的燃料。当燃料耗尽，火焰熄灭，灯罩里的空气温度下降，外面的空气逐渐补充进来，升力就开始慢慢下降。当升力小于重力时，孔明灯就缓缓下降了。

上轻下重的优势

玩过不倒翁吗？上轻下重的结构使它无论怎么摇晃也不会倒。在水中处于悬浮状态的物体，也总是重的部位向下；飘浮在空气中的物体同样如此。当灯罩被热空气鼓起来后，整个孔明灯也是上轻下重的，这就使得孔明灯始终能保持灯罩在上、火焰在下的姿态稳定上升。

古人发明的孔明灯在几千年的历史长河里并没有逐渐消失，燃放孔明灯的习俗仍然存在于民间，成为人们喜爱的一种户外娱乐活动。2013年4月29日，10200名游客在新疆驼铃梦坡沙漠生态旅游景区共同放飞了3600盏孔明灯，上海大世界基尼斯总部认定，这是规模最大的孔明灯放飞活动。

1783年，法国人孟格菲兄弟发明了与孔明灯原理一样的热气球。他们先是进行载动物的放飞实验，后又进行了载人的放飞实验，世界上第一次热气球载人空中航行，持续了25分钟。

热气球

随着科学技术的进步，如今人们造出了体积更加庞大、设备更先进、载人更多的热气球。燃料装在液化气罐内，驾驶员通过调节火焰的大小来控制飞行高度，通过寻找方向合适的风控制热气球行进的方向。

气球操控装置　　　　　　节日里放飞热气球

人们陆续发现了几种特殊的气体，如氦气、氢气，它们都比空气轻。把它们装入轻质材料做的容器，不需要进行加热一样可以升到空中。氢气球、氦气球、飞艇就是这样的物品。装上发动机的飞艇能由人控制航向。

飞艇

至于气球带给普通百姓的欢乐，你一定有所体验。

　　在现代科技领域中，探空气球得以广泛运用。通过探空气球，可以把无线电探空仪携带到高空，进行温度、压力、湿度和风等气象要素的探测，为研究地球大气层提供重要数据。

　　给你一个小小的建议，有机会的话，可以去乘坐一下热气球，它带给你的惊喜和刺激将是终生难忘的！

走马灯

亲爱的小朋友，下面左图所示的这盏灯，你觉得似曾相识吗？它是宫灯还是花灯？告诉你吧，它有一个特别的名字——"走马灯"！

走马灯又称"跑马灯"，是一种能够旋转的传统灯具。其造型多为棱柱形（或圆柱形）的宫灯。灯的顶部装有叶轮，中间的轮轴上粘有造型各异的人物等剪纸，灯屏用白纸或彩纸裱糊。点燃灯里的蜡烛后，叶轮便带动轮轴转动，灯屏上就出现了人马追逐的影像。灯内画影流转，物换景移，故称作"走马灯"。

中国很早就有原理与走马灯相似的器具。例如唐代的仙音烛。宋代陶谷的《清异录》中记载："其状如高层露台，杂宝为之，花鸟皆玲珑。台上安烛，既燃点，则玲珑者皆动，丁当清妙。烛尽绝响，莫测其理。"

　　你可以把它想象为风铃，只是驱动风铃的不是自然风，而是蜡烛加热的空气。如今的旋转香薰蜡烛是不是有几分仙音烛的影子？

　　据西汉《淮南万毕术》中描述的"艾火令鸡子飞"，即"鸡蛋热气球"，可以推测，当时的人已经对热空气会上升的现象有所认知；再根据东汉时已经有叶轮风车的事实，不难想象用上升的热空气推动叶轮转动的走马灯出现的时间应该比宋朝早得多。

　　不同朝代对这种灯具有不同的称谓。秦汉时称"蟠螭灯"，唐朝称"仙音烛""转鹭灯"，宋代称"马骑灯"，到清朝后才有了"走马灯"之名。走马灯其实是一种灯笼，但因其能带动马、武士等剪纸的转动，便平添了许多的趣味，使之成为春节、元宵节、中秋节等节日的观赏亮点，不少文人雅士留下了有关走马灯的佳作。

　　南宋周密在《武林旧事》中记述：若沙戏影灯，马骑人物，旋转如飞。

　　南宋范成大的《上元纪吴中节物俳谐体三十二韵》中写道：映光鱼隐见，转影骑纵横。轻薄行歌过，颠狂社舞呈。

　　清代富察敦崇在《燕京岁时记·走马灯》中有云：走马灯者，

剪纸为轮，以烛嘘之，则车驰马骤，团团不休，烛灭则顿止矣。

在南宋李嵩的《观灯图》中，可以看见中部右侧有两个孩童各提一花灯，旁边的桌子上就放着一只走马灯。

清代袁江所绘《醉归图》中也可以见到走马灯的身影。

李嵩《观灯图》（局部）　　　　　　袁江《醉归图》

明代绘画《上元灯彩图》，长约2.6米，宽约0.26米，人物众多，信息量极大，其价值堪比《清明上河图》。它描绘了当时南京元宵节人们观灯的热闹景象，这里面当然少不了优美、奇妙的走马灯。

《上元灯彩图》（局部）

想不想自己动手做一个简易走马灯？按照下面的步骤，就可以实现你的愿望。

准备材料和工具：

纸杯、牙签、针线、蜡烛、小刀、白纸、打火机、笔、尺、圆规。

制作过程：

1 找到圆心

将纸杯放在白纸上，沿杯底画一个圆，剪下圆，对折2次，找到圆心，再将圆心印在杯底。

2 画出内圆 **3** 设计叶轮

4 镂刻叶轮　　**5** 翻折叶片

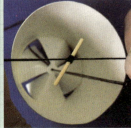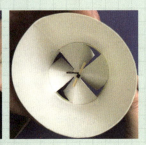

6 固定提绳

在纸杯底部圆心处用针穿一个小孔，将细线穿过小孔，
把牙签折成小段，用细线系在牙签上固定。

将细线提起或固定在高处一物体上，点燃下方蜡烛，热空气经过纸
杯顶部叶轮，使其转动。走马灯就制作好了！

能够自动旋转的传统走马灯，可谓是世界上第一款使用热动力驱动的机械装置，其中，包含了不少力学、热学等科学原理。古人"莫测其理"，只能让今人为他们揭秘。

流动的空气有力量

空气和水一样属于可以流动的物质。流动的水具有力量，它能携带泥沙、刮削河岸，山洪甚至能够冲毁房屋。流动的空气，也就是风，同样具有力量：微风能吹动小草，拂动垂柳，卷走纸屑；强风甚至可以吹倒树木、房屋。走马灯能转起来，靠的就是风吹叶轮的力量。

空气对流产生了风

当空气受热，比周围的空气温度高时，它的体积就会增大，从而变得比周围较冷的空气轻；变轻的空气会向上移动，这就是我们通常所说的热空气上升。同时，外围的冷空气又会从侧面流动过来补充。如此循环往复就形成了风。大自然中的风大多是这样形成的，走马灯中的风亦然。大自然中加热空气的是太阳，走马灯中加热空气的是蜡烛。

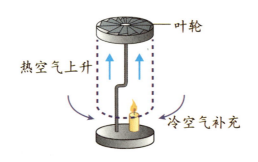

热空气上升
叶轮
冷空气补充

轮叶倾斜的秘密

叶轮上的叶片相对叶轮平面可以有不同的角度。只有倾斜的叶片最有利于叶轮的转动。倾斜的叶片就像电风扇的叶片，叶片边缘空气流速快，气体压力小；靠近轴心的空气流速慢，气体压力大。空气因而向叶轮边缘外流动。但由于倾斜叶片的导引，使叶轮只能往一个方向转动。

平行　　　　　　垂直　　　　　　倾斜

分解的力让倾斜的轮叶转动

倾斜的叶片能把上升的气流力量分解为向上的力和迫使轮叶后退的力。其中，向上的力小于灯罩的重力，不能把灯罩顶上去，这时，就只剩下迫使轮叶后退的力在起作用。叶轮上众多轮叶共同后

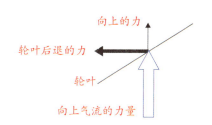

向上的力

轮叶后退的力

轮叶

向上气流的力量

退的合力，最终让固定在灯罩顶上的叶轮转动起来。

摩擦力小让叶轮轻松转动

古人通常采用顶针法和悬吊法来让叶轮可以自由旋转。其中，顶针法就是把叶轮的转轴立在灯架上的部位做成细针状，并让细针立在光滑的表面上，此法通常用在体量较大的走马宫灯上；悬吊法即用细丝将叶轮转轴悬吊起来，常用在较小、较轻的走马灯上。这两种方法实际上都是为了减小转轴与灯架之间的摩擦力。因为，传统走马灯的热源通常是蜡烛，蜡烛火焰的热量有限，其能加热的空气质量较小，这些上升热空气产生的力量也比较小。

顶针法示意图

后续发展

　　传统的走马灯因科技的进步和经济的发展，曾一度在社会上失去踪迹。近些年来，中国人开始重视传统文化，重新追寻镌刻在传统文化中的华夏基因。走马灯等传统手工制作的灯具及其他传统手工艺品又恢复了生机，成为文化欣赏、科技制作以及烘托氛围的载体。精致的走马宫灯，常被爱好者和民间工艺主题博物馆收藏和展览。

　　为了满足人们对走马灯的喜爱之情，实现大批量生产，现代走马灯引入了电气装置，如用灯泡代替火烛加热空气，克服了传统工艺走马灯产量低、持续转动时间短的缺点，使这一传统工艺品焕发出新的活力。

　　你知道吗？传统走马灯的工作原理非常了不起，它可以看作世界上第一款使用热动力驱动涡轮旋转做功的

机械装置，实现了热能向机械能的转换。它的发明，若从走马灯鼎盛的宋代算起，也比欧洲有过记载的1550年一种燃气轮机雏形要早四百年。但可惜的是，走马灯始终只是一种灯具，没有在动力和轮叶材料上往前跨出一步，否则，走马灯没准能成为喷气式飞机的鼻祖。

喷气式飞机

涡轮风扇发动机

走马灯虽然没有衍化出燃气涡轮机，却激发了一个叫茅以升的孩子科学探索的欲望，让他最终成长为中国著名的桥梁专家。

茅以升7岁时的元宵节，家人买了两盏棱柱形的走马灯。走马灯像磁石一样把他吸引住了，一连串的问题在他的脑海中冒出来：小纸人、小纸马怎么会转？为什么有时转得快，有时转得慢？怎么才能让纸人、纸马转得快一些？在家人的启发下，茅以升取下走马灯，观察吹灭蜡烛后的纸人、纸马，又点燃了两根蜡烛进行观察。虽然他没有完全弄明白其中的科学原理，但科学的种子已经播进他幼小的心灵。

　　小朋友，你们能否从这个故事中得到一点启发：细观察、勤动脑、多实践，就会涌现出更多像茅以升一样的人。到那时，伟大复兴的中国梦就一定能实现。